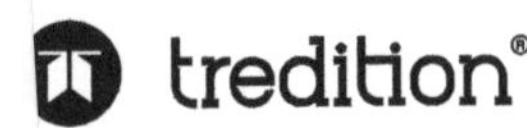

Maria B. Janisch-Horváth/ René Merten

Bernadette

Stimmungswelten

Bilder: Maria B. Janisch-Horváth
Texte: René Merten
Design/Layout: Lisa Janisch

Verlag & Druck: tredition GmbH, Halenreie 40-44, D – 22 359 Hamburg

ISBN
Paperback   978-3-7497-5761-9
Hardcover   978-3-7497-5762-6
e-Book   978-3-7497-5763-3

Bibliografische Information der Deutschen Nationalbibliothek:
Die Deutsche Nationalbibliothek verzeichnet diese Publikation in der Deutschen Nationalbibliografie; detaillierte bibliografische Daten sind im Internet über http://dnb.d-nb.de abrufbar.

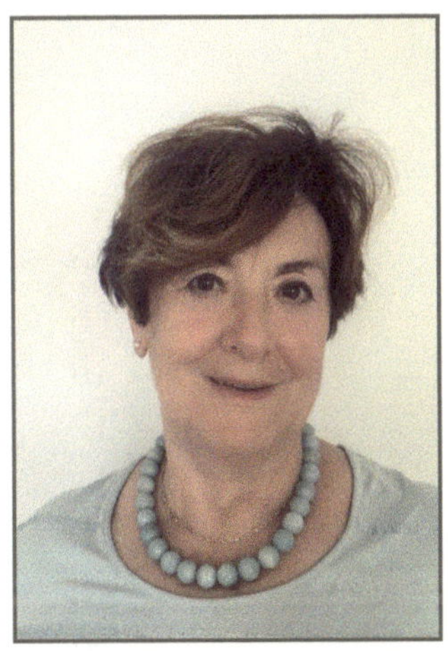

Geboren in Sopron begann Maria Bernadette Janisch-Horváth schon früh eine erste künstlerische Ausbildung in der Zeichenschule des ungarischen Professors Gustav Mende.

Seitdem absolvierte sie zahlreiche Weiterbildungen und Kurse im Bereich der bildenden Kunst. Ihre Passion an der Leinwand lebt sie vor allem im Zeichnen, in der Akt- wie der Öl-Malerei aus.

„Wenn du eine innere Stimme hörst, die sagt:
»Du kannst nicht malen«, dann male auf jeden Fall,
damit diese Stimme zum Schweigen gebracht wird."

(Vincent van Gogh)

Inhaltsverzeichnis

Vorwort

Ein Dreivierteljahrhundert mag für die Kunst keine lange Zeit zu sein, für einen Menschen jedoch schon. 75 Jahre an Lebensfreude, Liebe und malerischem Schaffen hat die in Wien und Sopron lebende Künstlerin Maria B. Janisch-Horváth inzwischen der Welt geschenkt – wir wünschen uns, dass es noch viele mehr werden!

Hier versammelt findet sich eine kleine, feine Auswahl ihrer male-rischen Werke. Viele wurden in Ausstellungen gezeigt, einige befinden sich in Privatbesitz – gerade letztere werden mit diesem kommentierten Bildband nun auch einer breiteren Öffentlichkeit zugänglich gemacht. Kurze, lyrische Texte dienen dem leichteren Zugang jedes der Werke, keinesfalls der vorweggenommenen Interpretation – Lassen Sie sich selbst von deren Schönheit anstecken!

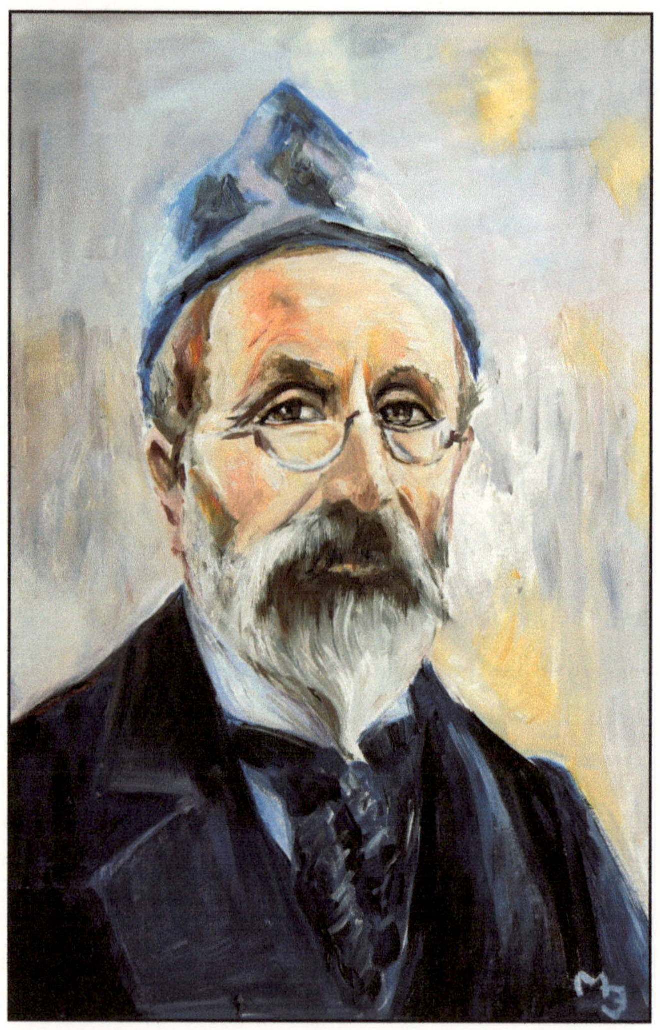

Weise, der Blick
wie das Tiefblau so eindringlich
durchdringlich die Halbbrille,
volle Gelehrsamkeit attribuiert sie
assistiert durch den Fes darüber
und wie den Spitzbart darunter
nährt diesen grau der Hintergrund

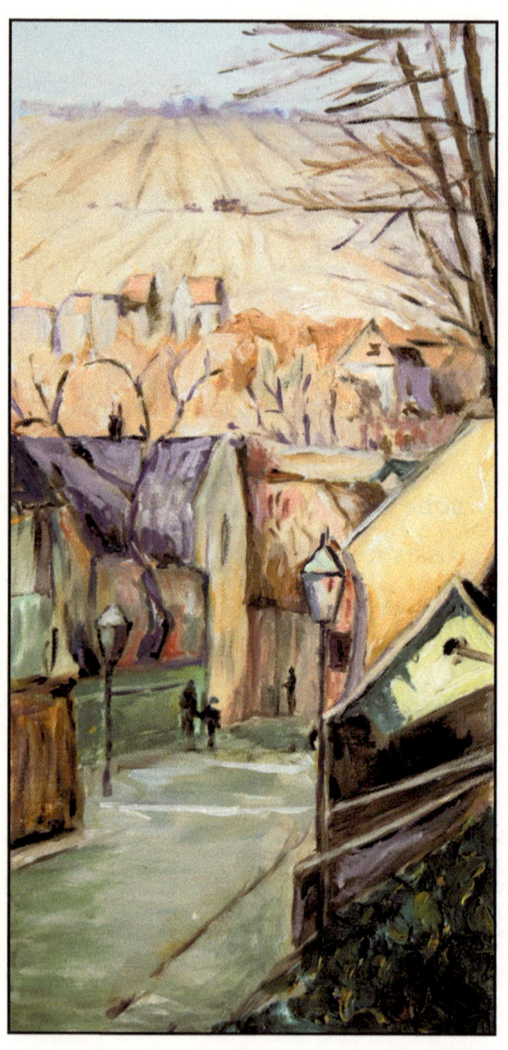

Heil'ge Stadt, in Gassen gewinkelt, mit Wein umrebt

erkalten deine warmen Farben an der Herbstsonne

noch nicht bereit für den ersten Schnee

das Braun deiner Felder

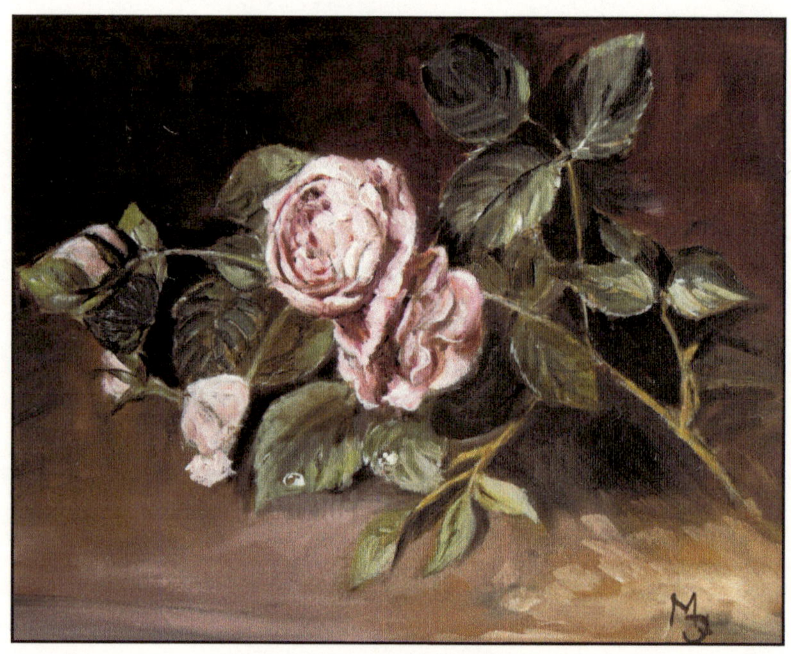

Frischgepflückt perlt Morgentau
Lebensabend nähert sich,
der Rose, welche abgezweigt,
vertrocknend siechend auf dem Tisch

Verlässlich ihre Schönheit blüht
Vergänglich ihre Normen
Noch duftet das Rosé-Odeur
Verwelkt schon fast die Dornen

Im Garten groß sie glänzte einst
zusammen mit den anderen
gerupft, den Stängel schräg geschnitten
zur Stubenzierde abgeglitten
nun ihre Kräfte wandern

4. Weißes Rauschen

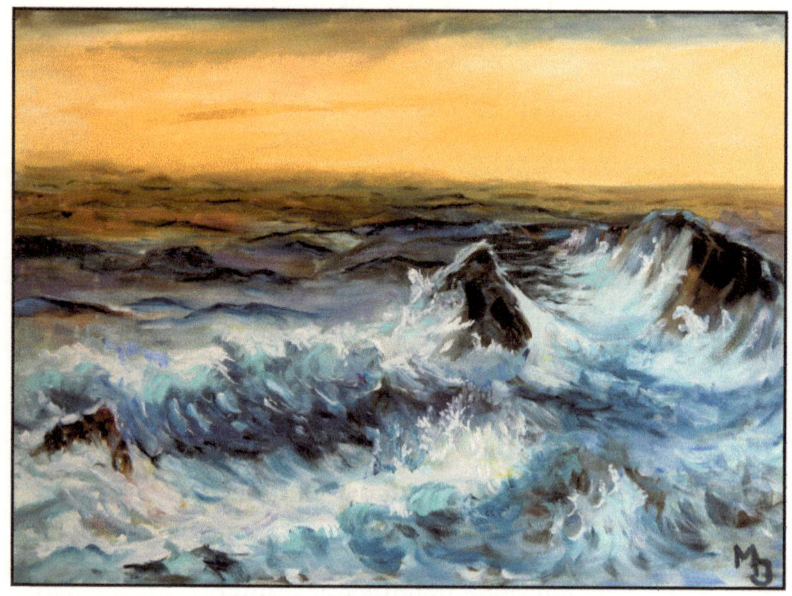

Lebende Salzwässer.

Sie tanzen mit den Gezeiten,

die sie magnetisch abstoßen und anziehen.

Sie flirten mit den Felsen,

deren Antlitze sie mit Gicht benetzen

wie die Zunge eines treuen Hundes.

Wieder und wieder,

als kannten sie den Sonnenuntergang nicht,

der hinter ihrer Silhouette den Tag niederdrückt

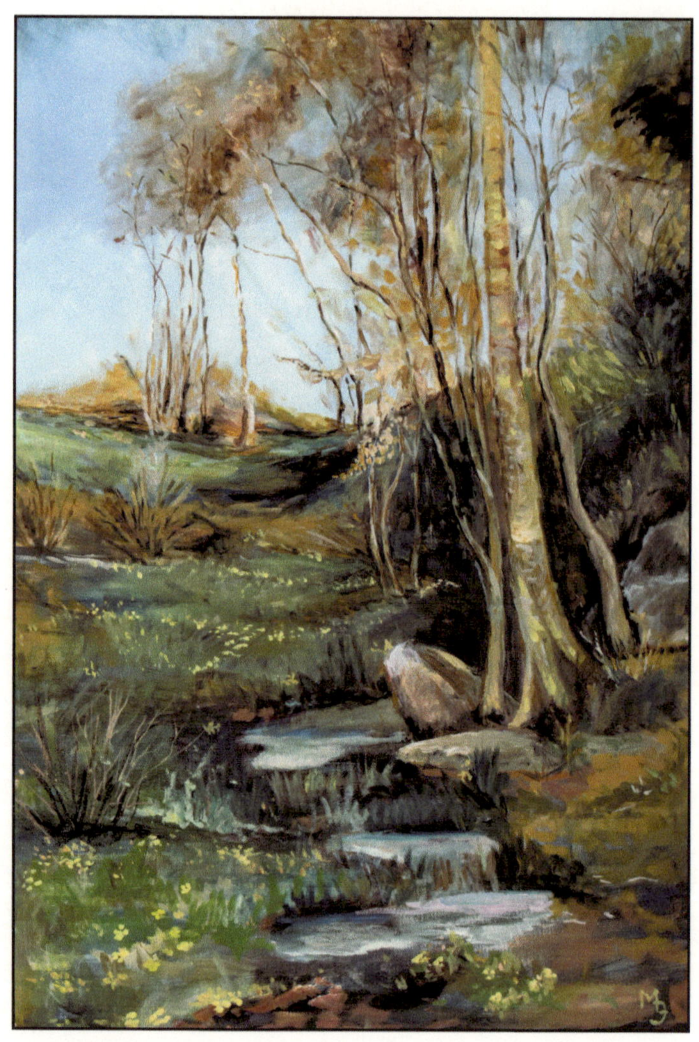

Den Bergrand hoch die Wasser plätschern
Der Bach das Tal verlässt gen Norden
Die Dottertupfen wandern mit mir
Hinauf am Stein, zurück die Sorgen
Ein umgedrehter Frühlingsmorgen
Mit dir Natur, zwischen den Gletschern

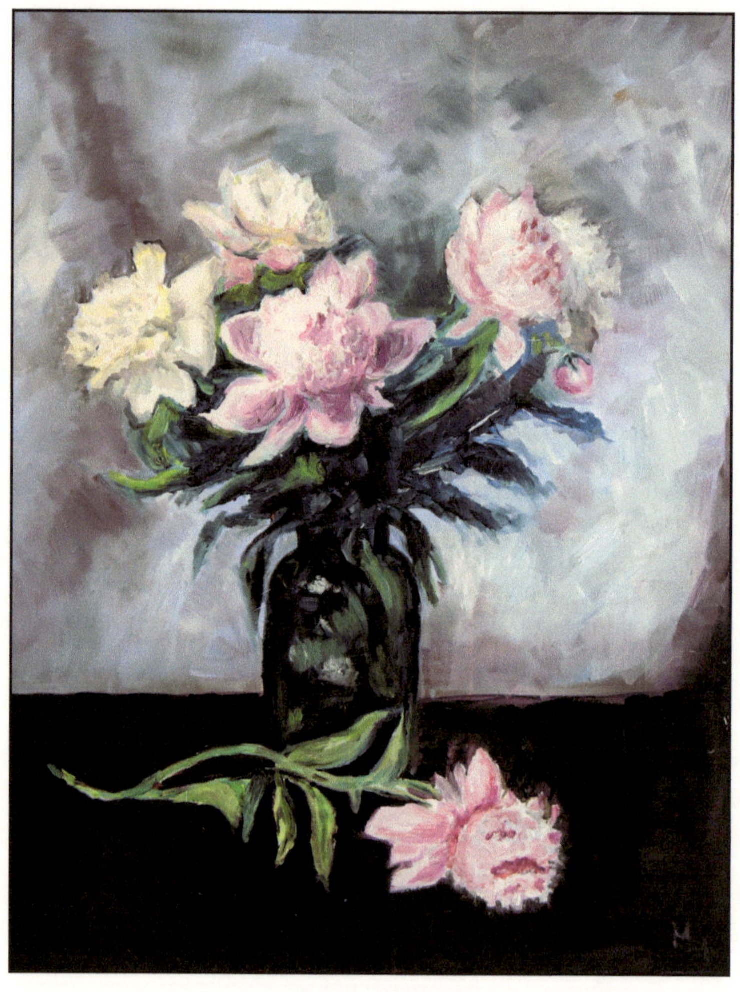

Rosig blüht der Pfingsten

Hält sich im Wasser der ausgegoss'ne Geist

Erfüllt nur kurz den Raum

Bis Fäulnis seine Stängel greift, außer einen

Vergeblich geflüchtet, vertrocknet er lieber allein,

statt zu ertrinken gemeinsam

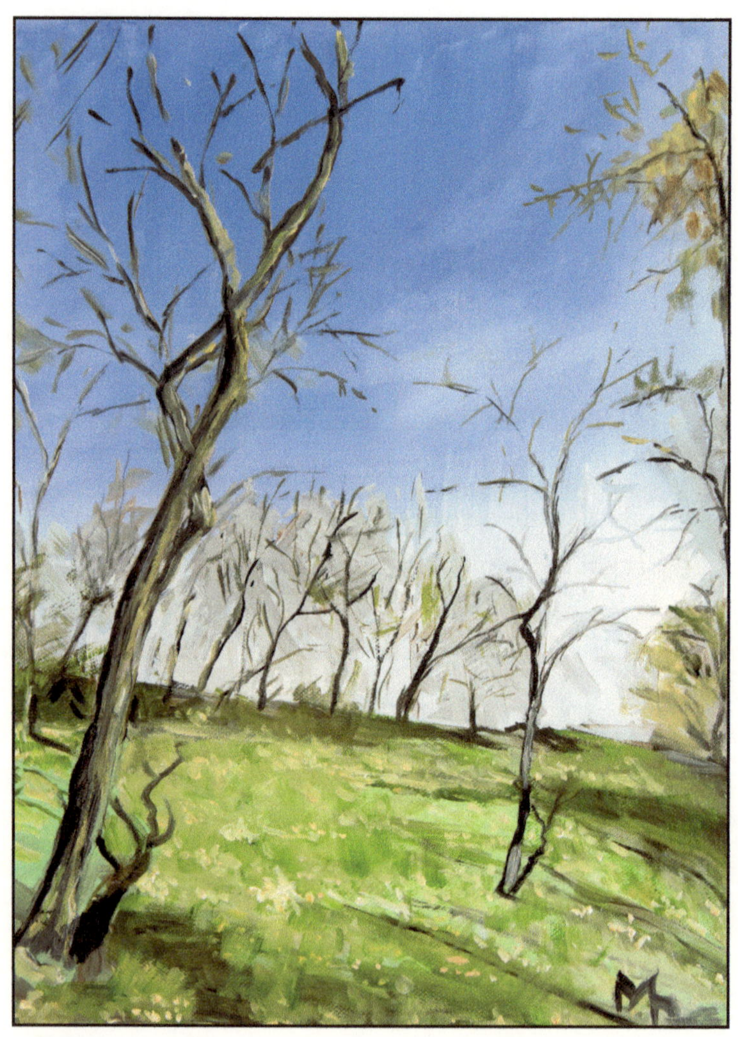

Peter, ein Dorf, hinter der Burg
Frühlingsbote streift die Heide,
winkt ihm zu mit strahlendem Himmel
wenige Schleier verweißen sein Blau,
das erste Wiesenknospen tränkt

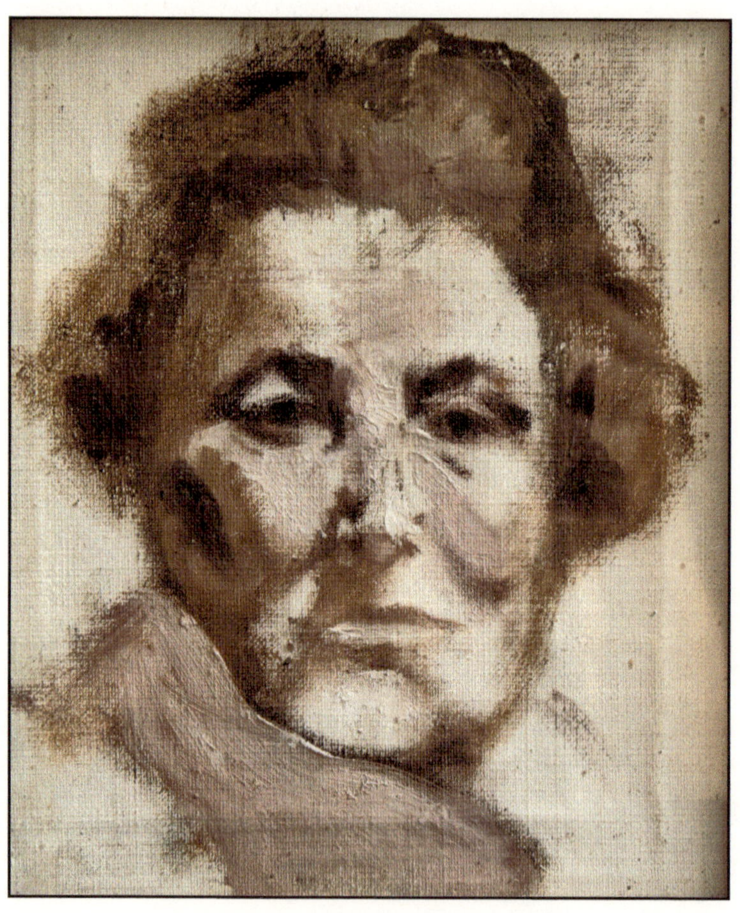

Anya,
einfarbig reduziert
Gesicht strenger Züge
deren Gleise vom Schal umsamtet

9. Grünen

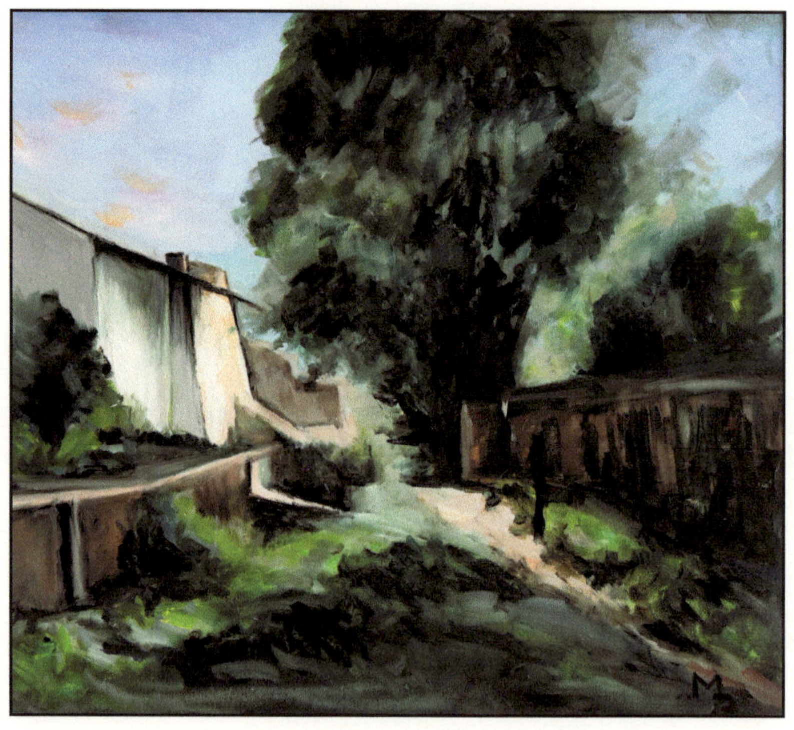

Grüngewaltig hebt sich der Rasen

Mutiert erst zu Moos, Farnen, und Hecken

Dann zu Büschen, Sträuchern und zuletzt

Baumgruppe im Fluchtpunkt

Grüngerettet kümmert sie weder Gebäude noch Einzäunung

10. Exotischer Garten

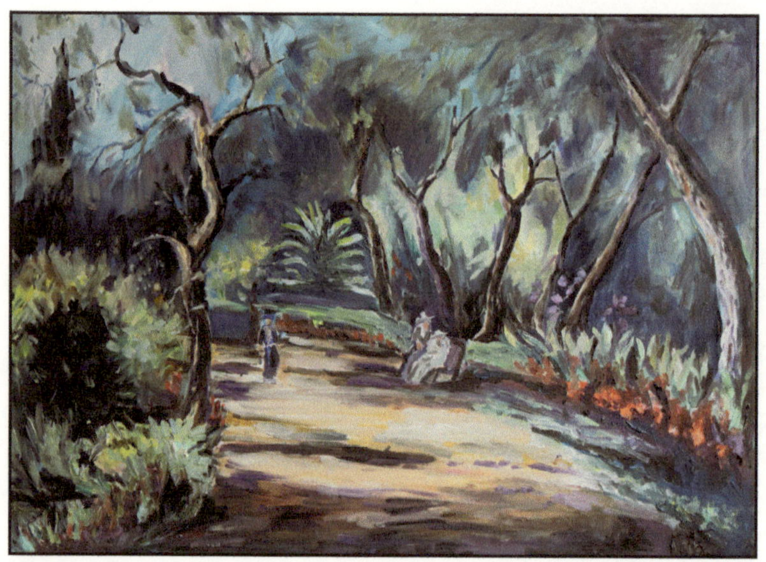

24

Riesenkraken überragen den Weg,
der durch den Garten gegraben
Botanisches Bankerl, exotische Manderl
Genießen das bunte Habitat

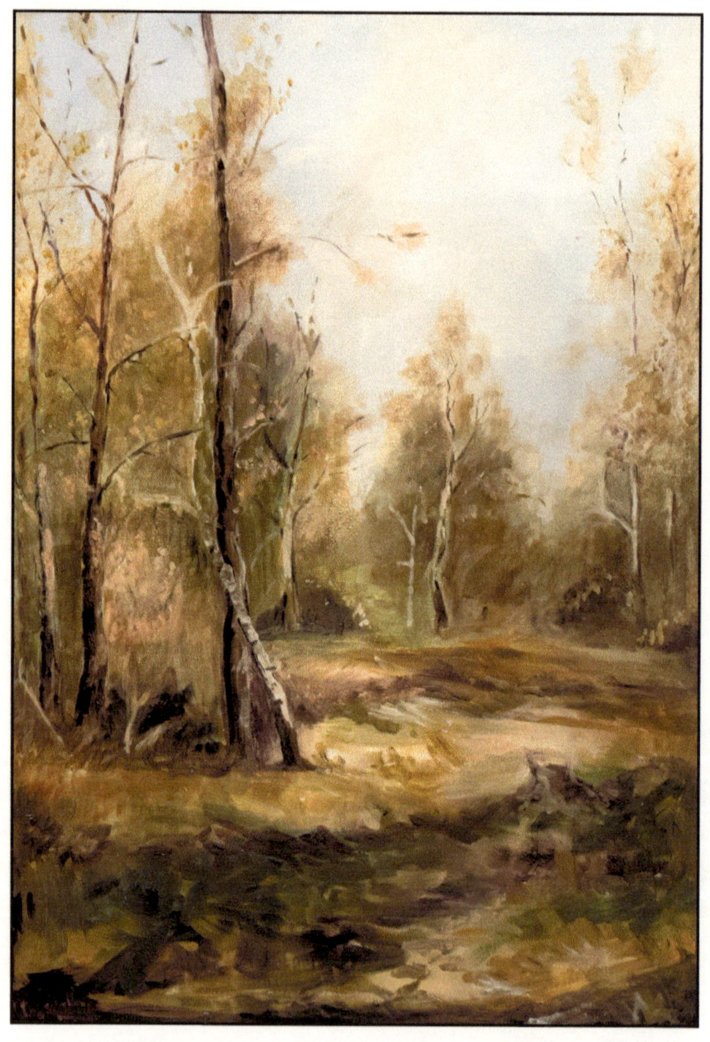

Birkenweiß auf verbranntem Gras
Ocker der Waldweg sich schlängelt
und gängelt die Spätsommerhitze

12. Viola

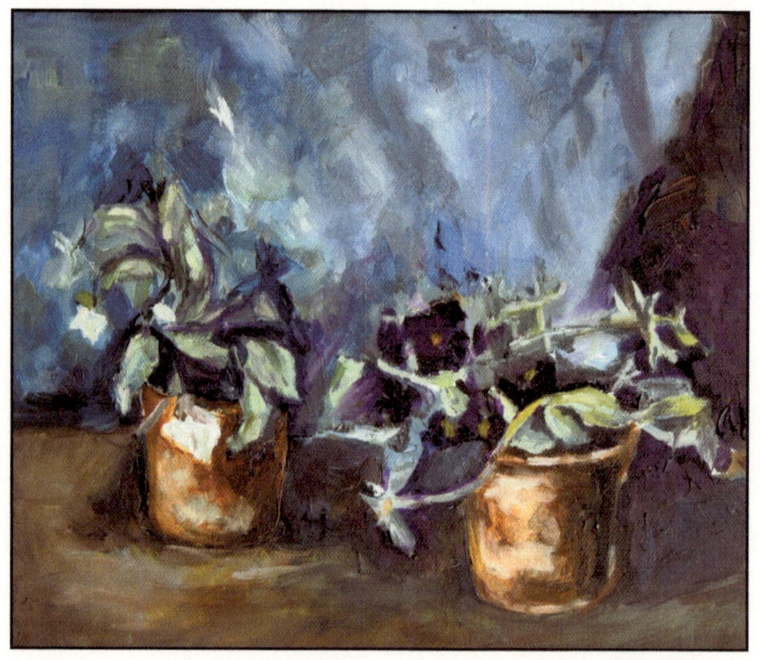

Kupferfassung, zweimal glänzend
Stiefmütterchen wie -töchter decken
Blau und satt sich selbst ergänzend
mit Christusaugen sie verschrecken
den Bräutigam, die Hochzeit schwänzend

13. A magyar léany

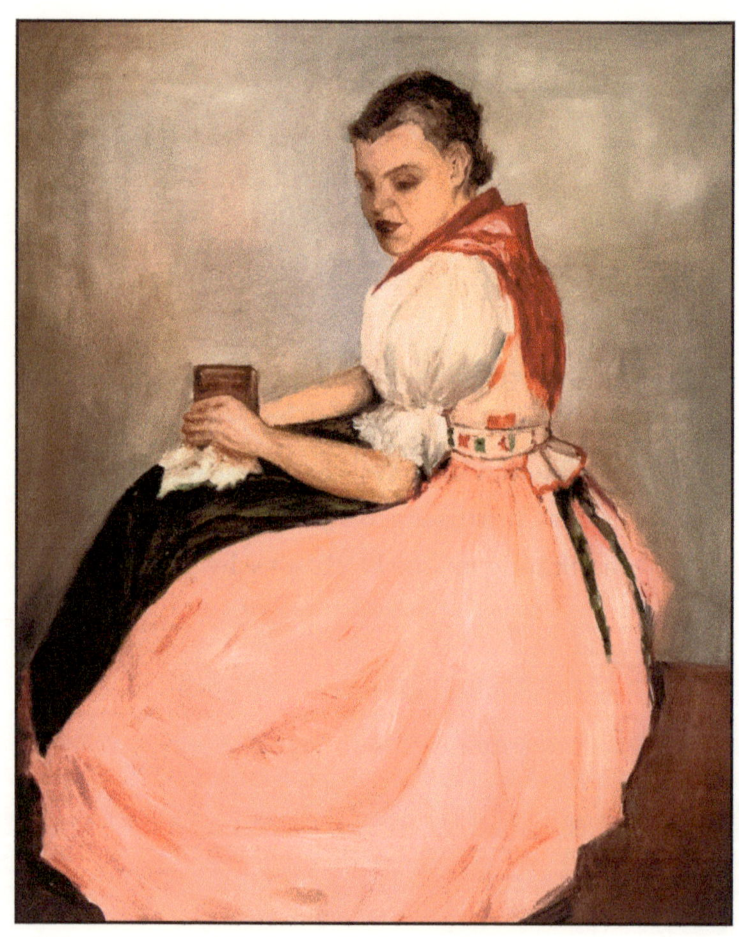

Pannonisches Becken, gewölbt
das tiefe Kleid in Bauerntracht,
einträchtig, andächtig,
fest hält das Gebetsbuch die Hand statt umgekehrt
und unversehrt ein Taschentuch

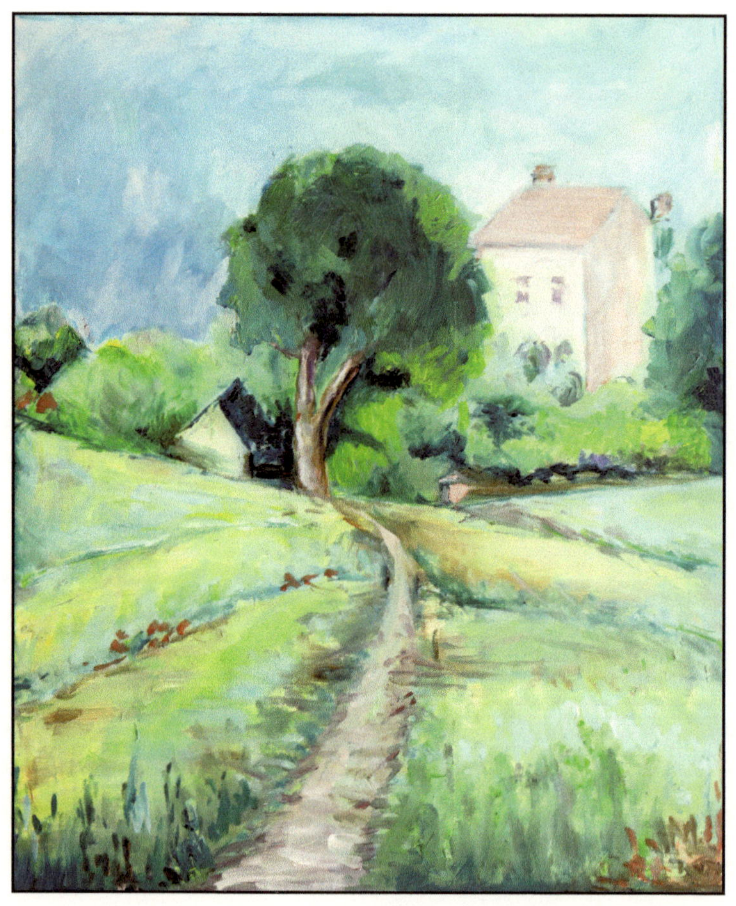

Trampelpfadig, ebenerdig sich schlängelt
die Gras-Viper durch die Mohnwiese Richtung Gehölz,
kühlender Unterschlupf vor Haus und Schuppen wartet
Maus und Schlangenhaut treffen sich dort
zum Mittagspicknick im Schatten

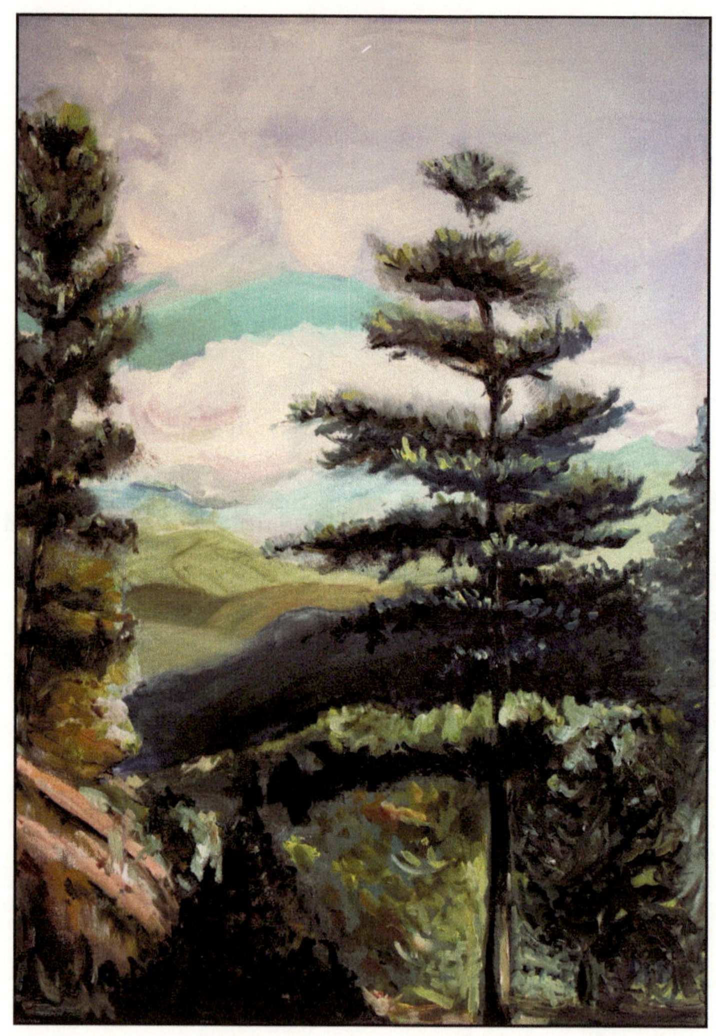

Korsisch ragt die Kiefer schwarz

Reißt des Nebels Rachen auf

Von weitem grüßt azurenblau

ein Lüftchen für die Flora lau

herbeigeweht zum Macchia-Gras

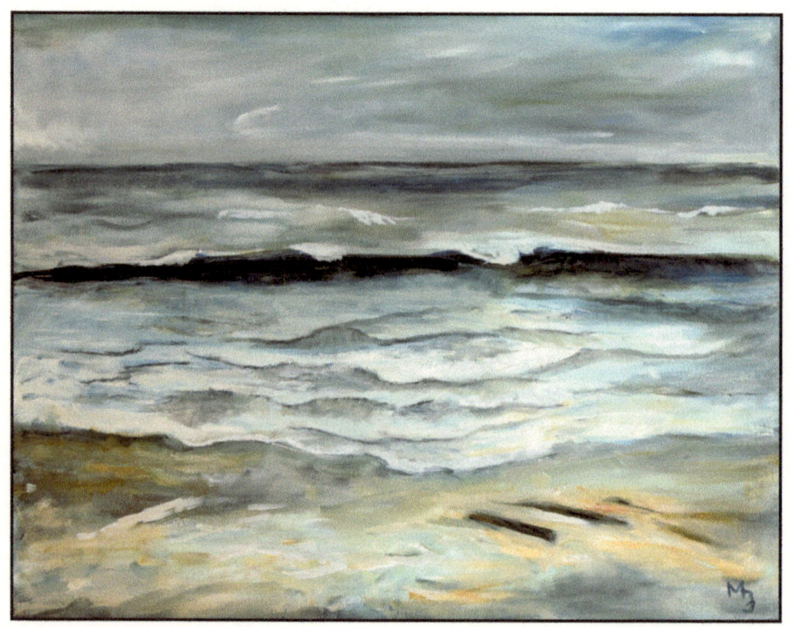

Nach dem Sturm,

unruhiges Nachwühlen und stoisches Rauschen.

Für das Meer ist beides dasselbe

Holz, das an den Strand gespült nur liegt

und in den Sand trocknet,

ist vor dem Sturm

17. Toskana Glut

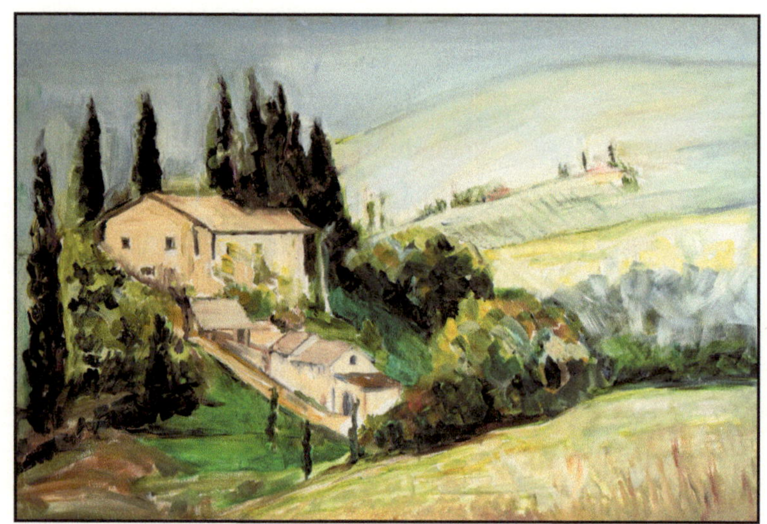

Naturstein, unverputzt er steht
inmitten etruskischer Hügel, umsäult von Zypressen
die Glut ableitend wie Blitze,
die gewittrig in der gleißenden Luft liegen.
Sie erwarten mit Pinien und Oliven das Land.

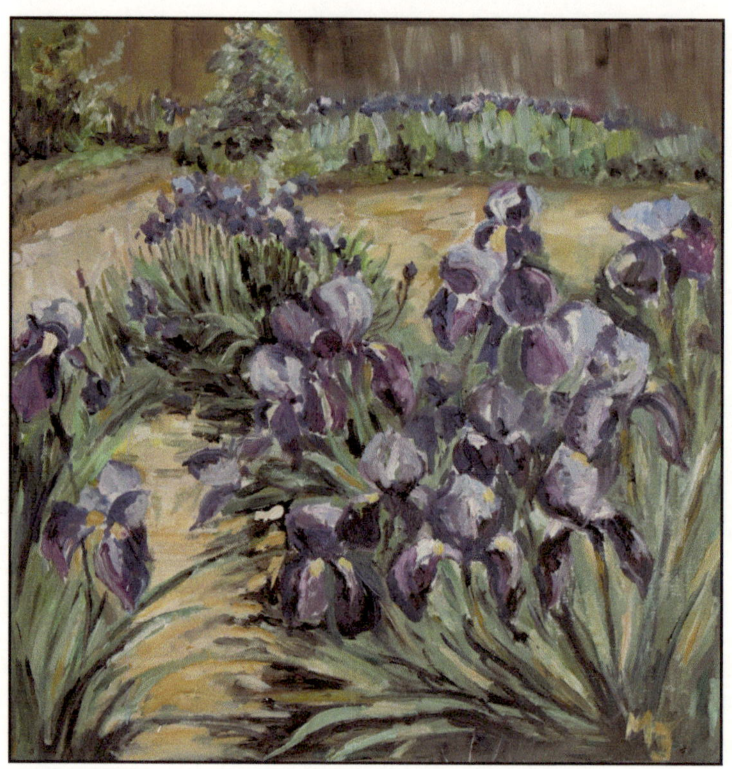

Iris, gespaltene Schwertlilie

versteckt in der Biomasse der vielen, der ähnlichen

Will sie mehr sein als Blumenmeer-Auslage

gesät wie geplant,

geblüht wie gebeetet,

fühlt sie sich, anders, und doch…

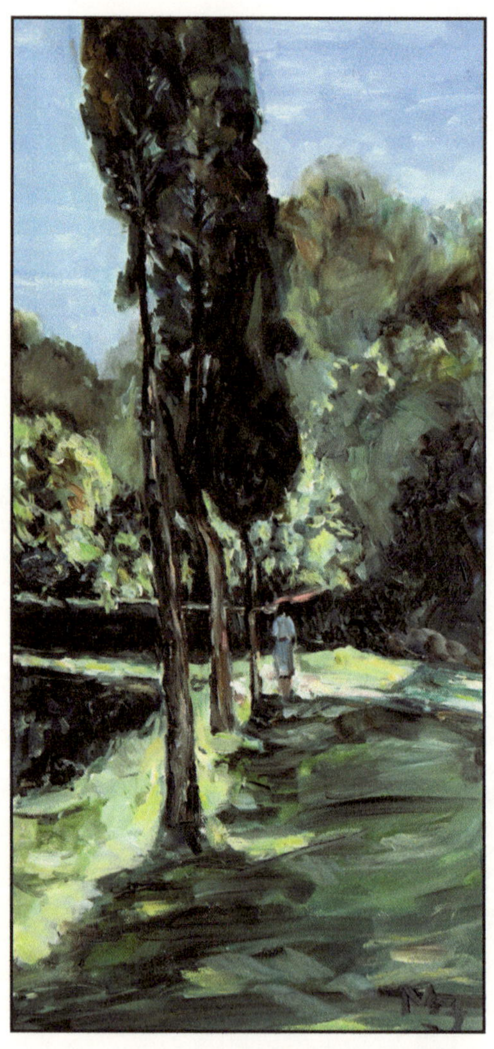

An der Wegscheidung
Verlässt sie die schattenspendenden Bäume,
es passiert einfach,
doch es geschieht… nichts.
Sie wartet, will nicht Möglichkeiten vernichten
Ob links, ob rechts, ob…
Sie steht besonnen-sonnt an der Gabel
das Messer der Entscheidung stumpf.

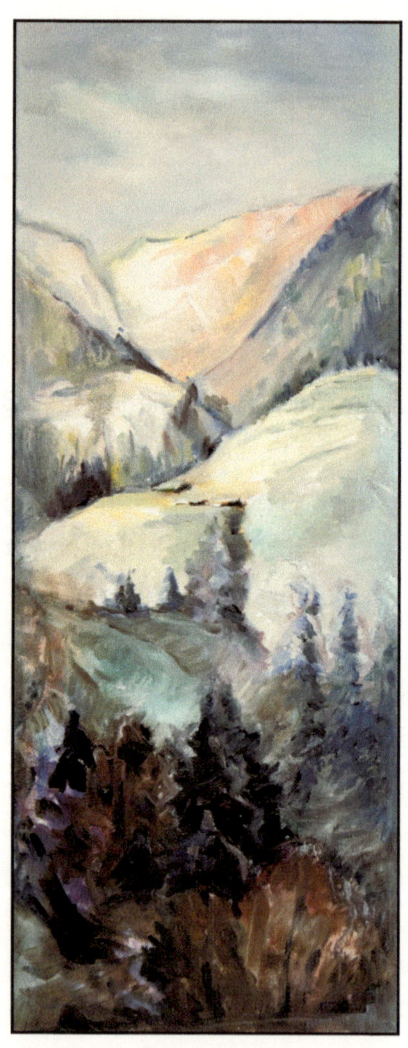

Indian Summer legt sich auf das kernige Kärnten
…Kalkalpen, Karawanken, Karantien…
Gebirgskanten eingelegt
in Öl

die Berghöfe schwimmen auf schneeigen Schultern,
die sich muskulös über den Spätherbstwald legen

am Fuß er blüht, letztmalig

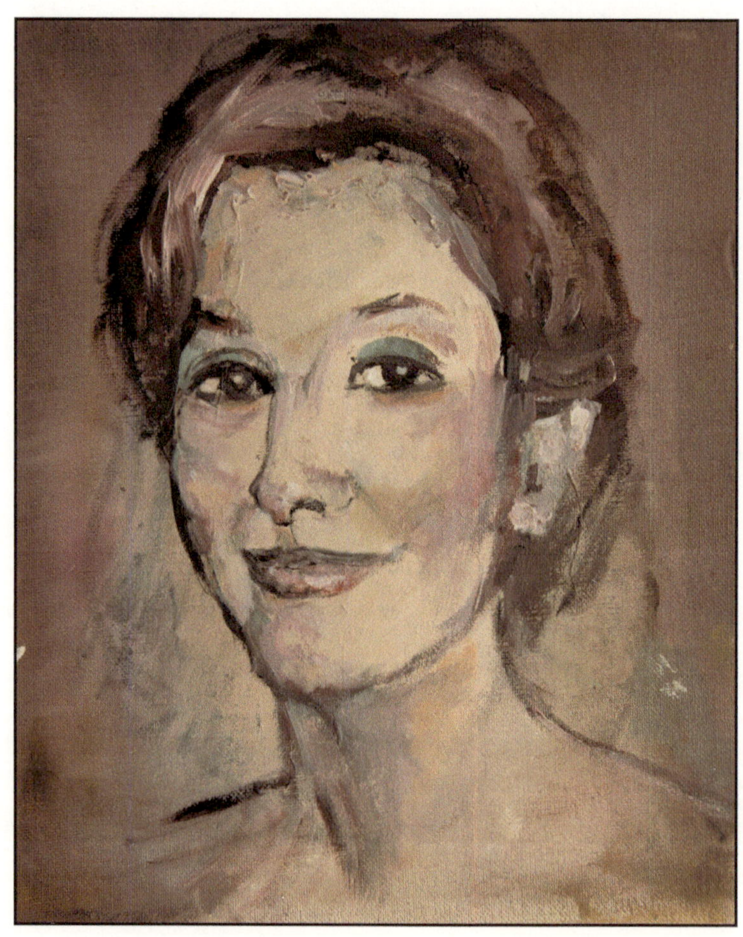

Grüner Lidschatten,
Hoffnung er trägt
auf die Augen schwer
verdunkeln sie müde die innere Sonne
von Ferne droht das Aufgehen

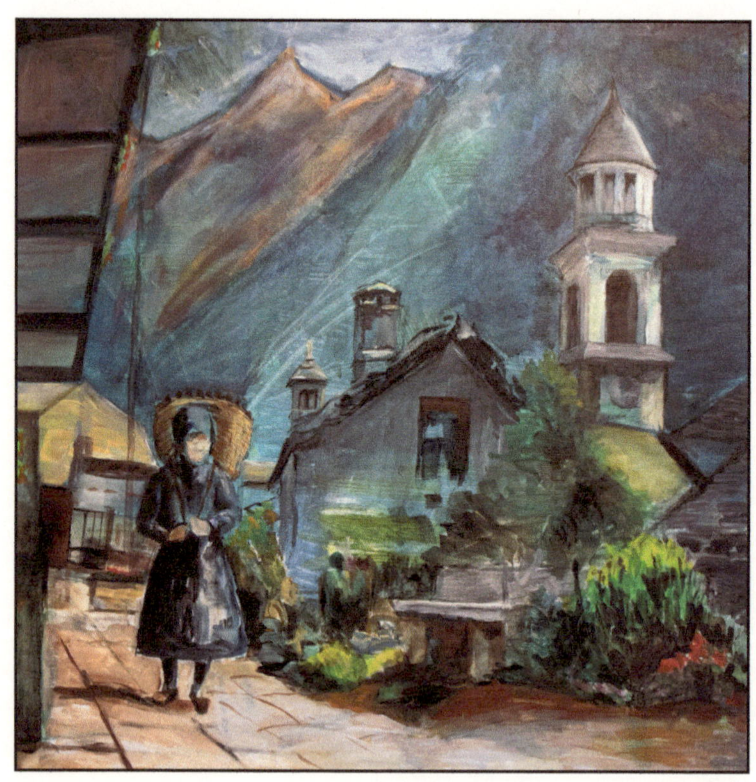

grau-blün, blau-grün
kühl ist's im türkisenen Tessin
der Nachmittag hat anbegonnen
Verzascatal, der Berg besonnen
liegt hinter ihr, im Rücken kühn
enge Gassen, kein Entkommen

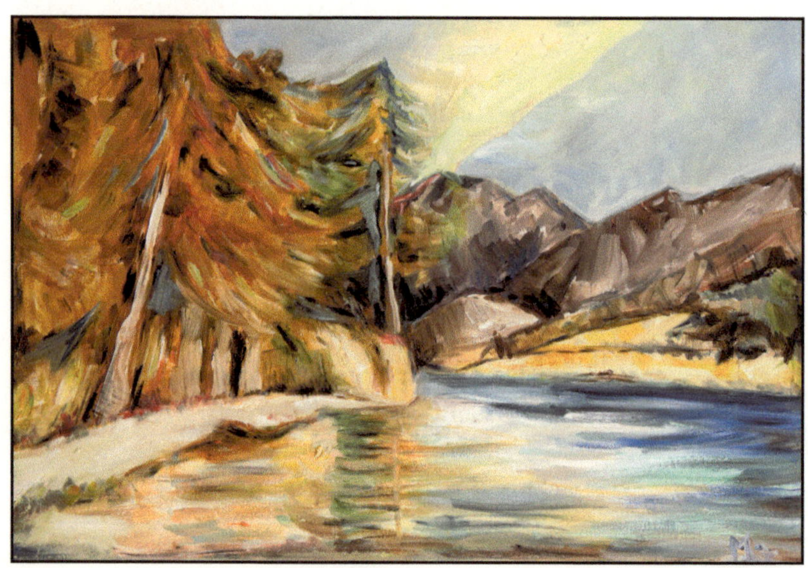

Alpenseen, Fichten stehn,

braungenadelt auf das Wasser

schattig spiegelnd sich versehn

für alle Panorama-Hasser

24. Stilleben mit Zwiebeln

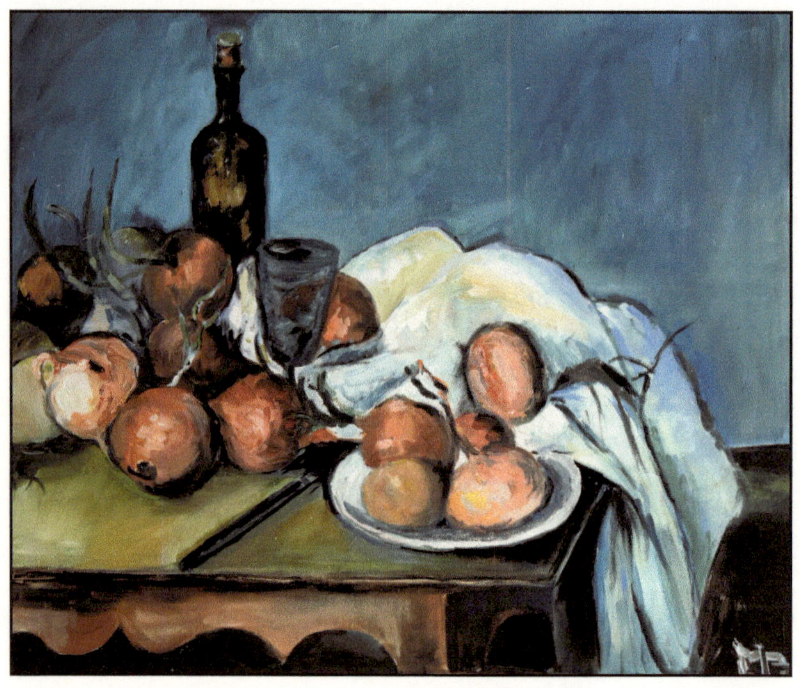

Ungeschälte Zwiebelhäute,
Wein und Kelch und dazu Tuch
weiß verdeckt es Essensbeute
stilles Leben, ein Versuch

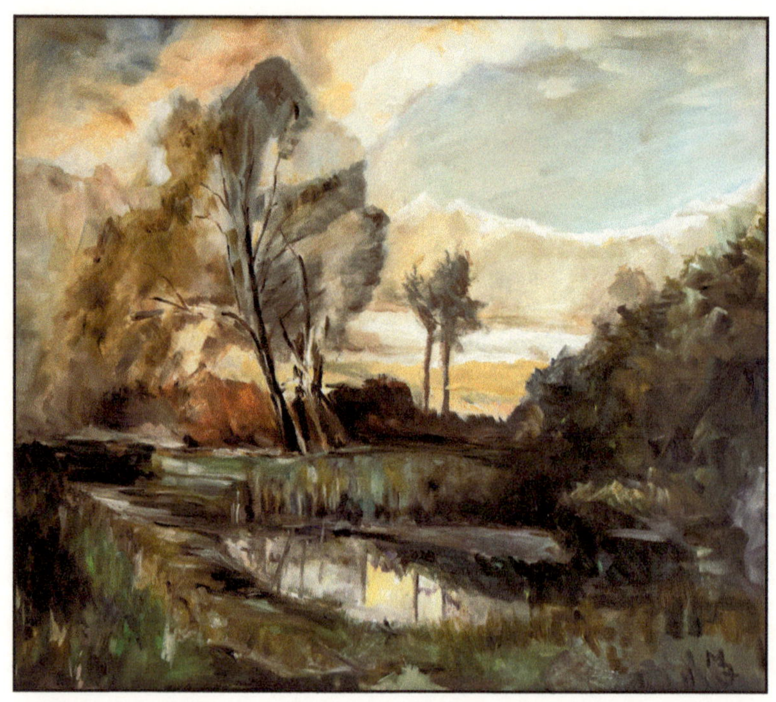

Nasse Waldlichtung und Tümpel, er spiegelt
die Dämmerung wie die umherstehende Zellulose
in seiner wasserkalten Mitte

schwül herum die Luft mit warmen Farben spielt
sie tanzen teichend, seichend
die Glätte seiner Oberfläche ab, bevor sie brodelt

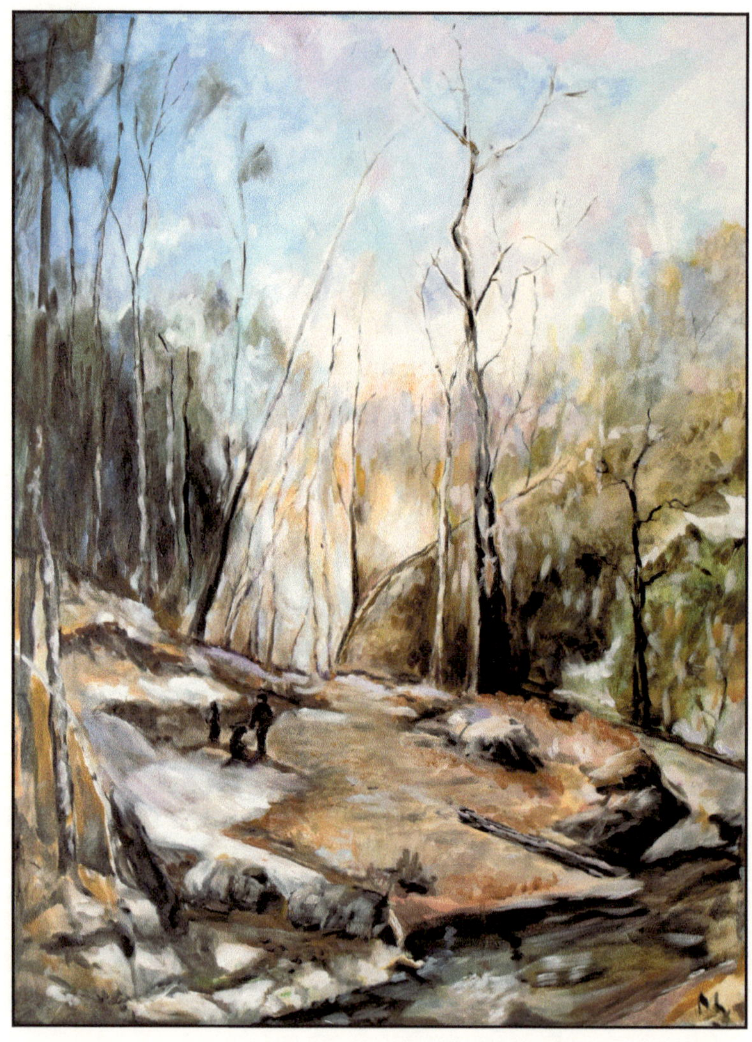

Deine Haut rissig, Väterchen Frost
entzündet am Morgentau, den die aufgehende Sonne hinter
dem Berg hervorzieht
schmelzend kriecht er aus dem Waldnebel
hinab das Tal die Lava frisst des Eises Bodenglitzer